1 こそあど言葉

1 次の文章を読んで、後の問題に答えましょう。

（一つ5点）

ものをさししめす働(はたら)きを

「こ̇れ」「そ̇れ」「あ̇れ」「ど̇れ」など、上に「こ・そ・あ・ど」のついた、さししめす言葉を「**こそあど言葉**」といいます。

(1)　（　　）に合う「こそあど言葉」を書きましょう。

①（これ）は、かめです。

②（あれ）は、象(ぞう)です。

2 次の文から、「こそあど言葉」をさがして、――を引きましょう。（一つ15点）

(1) これは、チューリップです。

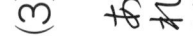

(2) それは、すいせんです。

(3) あれは、ひまわりです。

(4) どれが、カーネーションですか。

(5) これは、ぼくのぼうしです。

(6) それは、わたしのかさです。

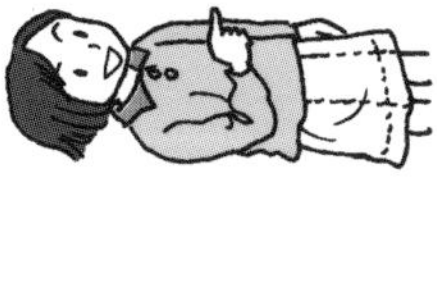

「これ」は、話し手に近いとき、
「それ」は、相手に近いときに使うよ。

2 「こ」のつく こそあど言葉

月　日　点

1 次の文から、こそあど言葉をさがして、──を引きましょう。（一つ10点）

(1) これは、ぼくの本です。

(2) ここは、兄の部屋（へや）です。

(3) こちらに来てください。

(4) これは、わたしのハンカチです。

(5) ここに花の種（たね）をまく。

(6) こちらへ行きましょう。

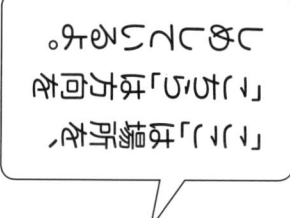

「ここ」は場所を、
「こちら」は方向を
しめしているよ。

2 絵を見て、正しいほうの こそあど言葉を、◯で囲(かこ)みましょう。（一つ8点）

(1)

｛これ／それ｝は、ぼくのかばんです。

(2)

｛ここ／あそこ｝で水を飲む。

(3)

｛どちら／こちら｝にさるがいます。

(4)

｛あれ／これ｝に花を入れてください。

(5)

｛そこ／ここ｝に本を置(お)いてください。

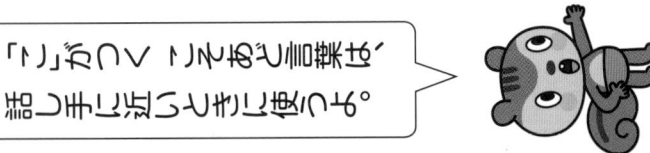

「こ」がつく こそあど言葉は、話し手に近いときに使うよ。

3 「そ」のつく こそあど言葉

月　日　点

1 次の文から、こそあど言葉をさがして、――を引きましょう。（一つ10点）

(1) それは、わたしのかさです。

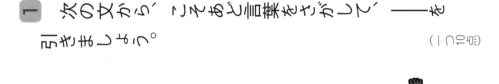

(2) そこは、姉の部屋（へや）です。

(3) そちらへ行っていいですか。

「そこ」は場所を、「そちら」は方向をしめしているよ。

(4) それは、ぼくのボールです。

(5) そこで立ち止まってみる。

(6) そちらからボールを投げてください。

2 絵を見て、正しいほうの こそあど言葉を、◯で囲(かこ)みましょう。（一つ8点）

(1)

｛これ／それ｝は、わたしの本です。

(2)

｛ここ／そこ｝にすわってください。

(3)

｛そちら／どちら｝へ行きます。

(4)

｛あれ／それ｝に花を生けてください。

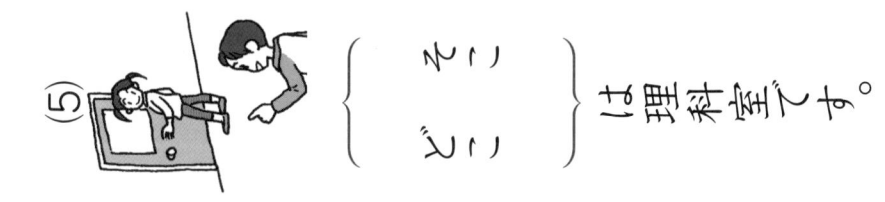

(5)

｛そこ／どこ｝は理科室です。

「そ」がつく こそあど言葉は、相手に近いときに使うよ。

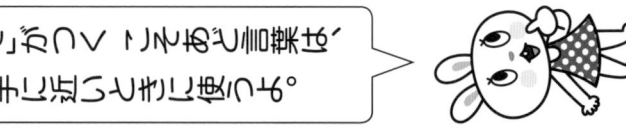

4 「あ」のつく こそあど言葉

月　日　点

1 次の文から、こそあど言葉をさがして、――を引きましょう。（一つ10点）

(1) あれは、兄の自転車です。

(2) あそこは、病院です。

(3) あちらに公園がありますか。

(4) あれは、妹のぬいぐるみです。

(5) あそこから車が出入りしている。

(6) あちらの広場で遊びましょう。

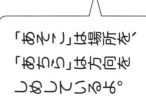

「あそこ」は場所を、「あちら」は方向をしめしているよ。

2 絵を見て、正しいほうの こそあど言葉を、◯で囲(かこ)みましょう。（一つ8点）

(1)

{ これ / あれ } は、弟のぼうしです。

(2)

{ あそこ / どこ } で休もう。

(3)

{ こちら / あちら } にさるがいます。

(4)

{ あれ / それ } に花を入れてください。

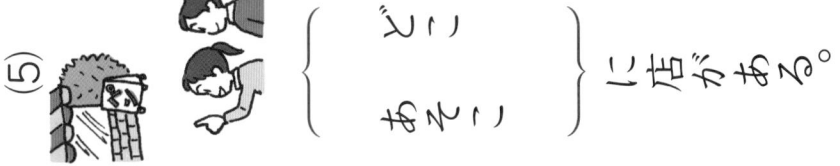

(5)

{ どこ / あそこ } に店がある。

「あ」がつく こそあど言葉は、話し手からも相手からも遠いときに使うよ。

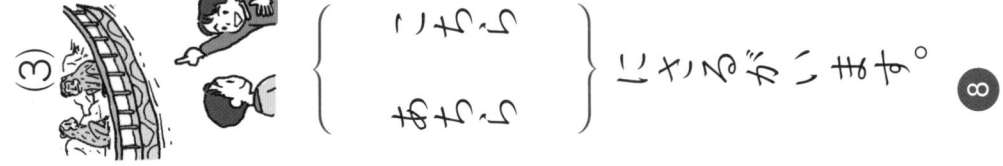

5 「ど」のつく　こそあど言葉

月　日　　点

1　次の文から、こそあど言葉をさがして、——を引きましょう。（一つ10点）

(1)　どれが、弟のぼうしだろう。

(2)　どこに池がありますか。

(3)　どちらへ行けばいいですか。

(4)　どれが、姉のかばんですか。

(5)　どこで祭りをやっているのかな。

(6)　どちらから風がふいているだろう。

「どこ」は場所を、
「どちら」は方向を
しめしているよ。

2 絵を見て、正しいほうの こそあど言葉を、◯で囲(かこ)みましょう。（一つ8点）

(1)

｛これ／どれ｝が、兄のくつだろう。

(2)

｛そこ／どこ｝に薬があるのかな。

(3)

｛あちら／どちら｝に公園がありますか。

(4)

｛どれ／それ｝が、母のかさですか。

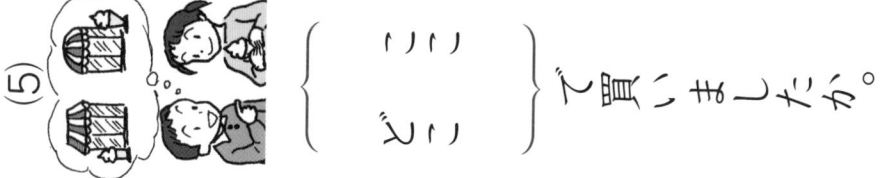

(5)

｛ここ／どこ｝で買いましたか。

「ど」がつく こそあど言葉は、さししめすものがはっきりしないときに使うよ。

6 こそあど言葉を使ってみよう！

月　日　　点

1 絵を見て、正しいほうの こそあど言葉を、〇で囲（かこ）みましょう。（一つ10点）

(1)

{ これ ／ それ } は、ぼくのボールだ。

(2)

{ どれ ／ それ } は、ぼくのボールだ。

(3)

{ あれ ／ これ } は、ぼくのボールだ。

(4)

{ これ ／ どれ } が、ぼくのボールかな。

相手に近いときは「それ」、話し手からも相手からも遠いときは「あれ」を使うよ。

2 絵を見て、（　）に合う こそあど言葉を、［　］から選んで書きましょう。（一つ15点）

(1)

（これ）は、わたしの犬です。

これ・それ・あれ

(2)

（　　）が、花屋さんです。

ここ・あそこ・どこ

(3)

（　　）が、トイレです。

こちら・そちら・どちら

(4)

（　　）が、妹のくつだろう。

それ・どこ・どれ

話し手に近いときは「こ」、相手に近いときは「そ」がつくこそあど言葉を使うよ。

7 「この」「その」「あの」「どの」

月　日　点

1 次の文から、こそあど言葉をさがして、――を引きましょう。（一つ8点）

(1) この花は、チューリップです。

(2) その花は、カーネーションです。

(3) あの花は、すいせんです。

(4) どの花が、すみれですか。

(5) この本は、おもしろい。

「この・その・あの・どの」もこそあど言葉だよ。

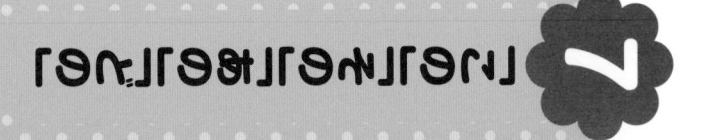

2 絵を見て、（　）に合うこそあど言葉を、［　］から選(えら)んで書きましょう。（一つ15点）

(1)

（この）ケーキは、おいしい。

これ・ここ・この

(2)

（　　）犬は、おとなしい。

その・それ・そこ

(3)

（　　）花は、ひまわりです。

あれ・あの・あそこ

(4)

（　　）鳥がインコですか。

どれ・どこ・どの

はっきりしないときは、「どの」を使うよ。

8 「こんな」「そんな」「あんな」「どんな」

月　日　点

1 次の文から、こそあど言葉をさがして、——を引きましょう。（一つ8点）

(1) こんな花は、見たことがない。

(2) そんな所で何をしているの。

(3) あんな歌手になりたい。

(4) どんな色が好(す)きですか。

(5) こんな犬をかいたいと思う。

2 絵を見て、（　）に合うこそあど言葉を、［　］から選（えら）んで書きましょう。

（一つ15点）

(1)

（こんな）魚は、知らない。

［こんな・これ・こちら］

(2)

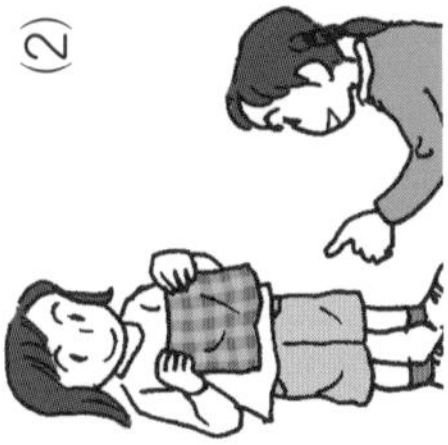

（　　　）ハンカチがほしかった。

［そこ・そちら・そんな］

(3)

（　　　）洋服を着てみたい。

［あれ・あんな・あそこ］

(4)

（　　　）ケーキが好（す）きですか。

［どこ・どちら・どんな］

相手に近いときは「そんな」、話し手からも相手からも遠いときは「あんな」を使うよ。

9 こそあど言葉——まとめ ①

月　日　点

1　こそあど言葉の表を覚えて、後の問題に答えましょう。
（全部できて一つ10点）

	こ（話し手に近い）	そ（相手に近い）	あ（話し手・相手、どちらからも遠い）	ど（はっきりしない）
ものごと	これ	それ	あれ	どれ
ものごと	この	その	あの	どの
場所	ここ	そこ	あそこ	どこ
方向	こちら（こっち）	そちら（そっち）	あちら（あっち）	どちら（どっち）
様子	こんな	そんな	あんな	どんな

(1) 次のときに使うこそあど言葉を、右の表から選んで全て書きましょう。

① 話し手に近いとき。

（　　　　　）

② 話し手・相手、どちらからも遠いとき。

（　　　　　）

①は「こ」、②は「あ」のつくこそあど言葉だよ。

2 次の表の空いている □ にあてはまる、こそあど言葉を書きましょう。（一つ8点）

	ものごと	ものごと	場所	方向	方向	様子
こ（話し手に近い）	これ	(3)	ここ	(7)	（こっち）	(9)
そ（相手に近い）	(1)	その	そこ	そちら	（そっち）	(10)
あ（話し手・相手、どちらからも遠い）	あれ	(4)	(5)	あちら	（あっち）	あんな
ど（はっきりしない）	(2)	どの	(6)	(8)	（どっち）	どんな

一行目は「…れ」、二行目は「…の」、
三行目は「…こ」、四行目は「…ちら」、
六行目は「…んな」がつく
こそあど言葉だよ。

10 こそあど言葉――まとめ ②

月　日　　点

1 絵を見て、（　）に合う こそあど言葉を、［　］から選(えら)んで書きましょう。（一つ10点）

(1)（それ）は、だれのかばんですか。

(2)（　　）は、山田さんのだよ。

(3)（　　）の白い建物(たてもの)は、なんですか。

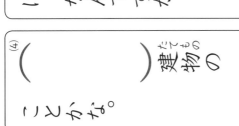

(4)（　　）建物(たてもの)のことかな。

［これ・それ・あそこ・どの］

2 絵を見て、（　）に合うこそあど言葉を、[　　]から選(えら)んで書きましょう。（一つ15点）

(1)

（　それ　）は、とてもかわいいかさだね。

(2)

（　　　）は、わたしたちが通っている小学校です。

(3)

（　　　）ぼうしが、にあうと思いますか。

(4)

（　　　）本を読んだことがある人は、いませんか。

この・それ・あそこ・どんな

11 こそあど言葉の働き

月　日　　点

1 次の文章を読んで、後の問題に答えましょう。（25点）

同じことがらは、こそあど言葉を使って、言いかえることができます。

きれいな赤い花を買った。
母は、きれいな赤い花をかざった。
↓
母は、それをかざった。

それは、「きれいな赤い花」を言いかえた言葉です。言いかえることで、同じことがらをくり返さないで、短く言い表すことができます。

(1) □の言葉を、こそあど言葉に書きかえましょう。

・駅前に新しいスーパーができた。
母は、新しいスーパーで買い物をした。
↓
母は、（そこ）で買い物をした。

2 こそあど言葉を使って文章を書きます。合うほうを、（　）で囲（かこ）みましょう。（一つ25点）

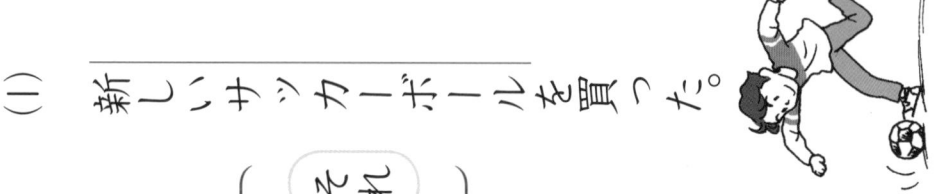

(1) 新しいサッカーボールを買った。

ぼくは、{ それ ／ そこ } で毎日練習をしている。

(2) ピンクのワンピースを買ってもらった。

わたしは、{ それ ／ その } を着て、母と出かけた。

(3) 二丁目の交差点（こうさてん）のパン屋さんへ行った。

{ どれ ／ そこ } は、今日（きょう）が定休日だった。

物は「それ」、場所は「そこ」を使うよ！

12 こそあど言葉のさすことがら ①

月　日　点

1 次の文章を読んで、後の問題に答えましょう。（20点）

こそあど言葉は、文章中のことがらをさししめしています。

［新しいサッカーボール］で練習した。
［それ］は、昨日（きのう）買ったものだ。

［それ］は、「新しいサッカーボール」をさしています。
また、こそあど言葉の多くは、その前に書かれていることがらをさします。

(1) ［　］の こそあど言葉がさしていることがらを選（えら）んで、○をつけましょう。

・昨日（きのう）、山本さんのかさを借（か）りた。
今日（きょう）、［それ］を返した。

（　）山本さん
（　）山本さんのかさ

2 ［　］の言葉がさしていることがらに、——を引きましょう。（一つ20点）

(1) おいしそうなケーキが出された。
みんなは、［それ］を食べた。

(2) 大きな水そうがあった。［そこ］に
たくさんの魚が泳いでいた。

(3) 新しい運動ぐつを買ってもらった。
［それ］に、自分の名前を書いてもらった。

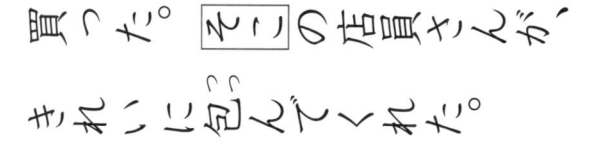

(4) 商店街(しょうてんがい)の花屋さんで、カーネーションを
買った。［そこ］の店員さんが、
きれいに包(つつ)んでくれた。

13 こそあど言葉のさすことがら ②

月　日　点

1 □の言葉がさしていることがらを、□に書きましょう。（一つ10点）

(1) 昨日（きのう）、新しいノートを買った。今日（きょう）、それを学校へ持っていった。

（新しい□□□）

(2) ケースの中にかわいいハムスターがいた。妹は、それをかいたいと言った。

（かわいい□□□□□）

(3) 日曜日、駅前の商店街（しょうてんがい）を歩いた。そこは、たくさんの人でにぎわっていた。

（駅前の□□□）

(4) わたしの町には、大きなスーパーがある。母は、いつもそこで買い物をしている。

（□□□□□□□）

2 □の言葉がさしていることがらを、[　][　][　]に書きましょう。（一つ15点）

(1) 昨日、新しいくつを買ってもらった。今朝、それをはいて登校した。

（[　][　][　][　][　]）

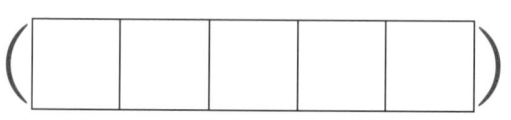

(2) 今日、かわいいシールを買ってきた。わたしはそれを下じきにはった。

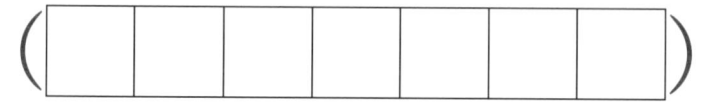

（[　][　][　][　][　][　][　]）

(3) タ方、近くの神社へ行った。そこでは、お祭りの出店がならんでいた。

（[　][　][　][　][　]）

(4) 公園の花だんには、いろいろな花がさいていた。そこには、チューリップもあった。

（[　][　][　][　][　][　]）

こそあど言葉がさしていることがらは、こそあど言葉より前にあることが多いよ。

14 こそあど言葉のさすことがら ③

月　日　点

1 □の言葉がさしていることがらに、——を引きましょう。

（(1)は10点、他は一つ20点）

(1) 昨日（きのう）、きれいなもようの色紙を買った。今日（きょう）、[それ]でつるを折（お）った。

(2) 夜、おもしろいテレビ番組を見た。ねるとき、[それ]を思い出して、ふき出してしまった。

(3) 本だなに古いアルバムがあった。[その]中には、父の子どものころの写真があった。

2 □の言葉がさしていることがらを書きましょう。

（(1)は10点、他は一つ20点）

(1) おばさんが、おいしそうなケーキを持ってきた。わたしたちは、［それ］を食べた。

（ おいしそうなケーキ ）

(2) 朝の通学路で、黒いバッグを拾った。ぼくたちは、［それ］を交番にとどけた。

（　　　　　　　　）

(3) 夕方、だんボールの荷物がとどいた。［それ］は、北海道のおじいさんが送ってくれたものだった。

（　　　　　　　　）

くわしくする言葉の部分も、
わすれないで書こう！

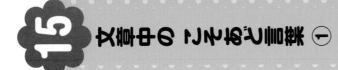

15 文章中の こそあど言葉 ①

月　日　点

1 次の文章を読んで、後の問題に答えましょう。（25点）

教室のまどぎわには、二つの水そうがある。その中には、一つには金魚がいて、もう一つにはめだかが入っている。

(1) その中とは、何の中ですか。

（ 二つの水そうの中 ）

2 次の文章を読んで、後の問題に答えましょう。（25点）

かぶとむしのおすには、頭に長くてりっぱな角があります。この角で、木の樹液（じゅえき）に集まってきた他の虫を追いはらいます。

(1) この角とは、どんな角ですか。

（ 角 ）

3 次の文章を読んで、後の問題に答えましょう。（25点）

休みの日に家族で出かけた帰り、駅の近くにあるペットショップの前を通った。そこのまどガラスにわたしが近づくと、小さな子犬がガラスに近よってきた。

(1) そこがさしている場所は、どこですか。

（　　　　　　　　）

4 次の文章を読んで、後の問題に答えましょう。（25点）

チンパンジーは、オオアリをつかまえるために、木の皮をはいで細くさいたひもを作ります。チンパンジーは、それを巣（す）あなにさしこんで、オオアリをつかまえます。

(1) それがさしている物は、なんですか。

（　　　　　　　　）

16 文章中の こそあど言葉 ②

月　日　　点

1 次の文章を読んで、後の問題に答えましょう。（一つ20点）

日曜日の朝、父と公園に行った。そこで、父と休んでいると、小さな子犬がとことこやって来た。その様子がかわいくて、わたしも犬がかいたくなった。

(1) そこがさしている場所は、どこですか。

（　　　　　　）

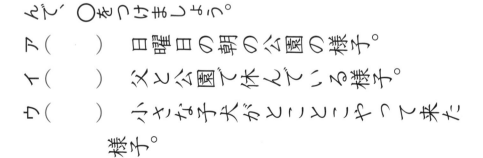

(2) その様子とは、何の様子ですか。合うものを一つ選（えら）んで、○をつけましょう。

ア（　）日曜日の朝の公園の様子。

イ（　）父と公園で休んでいる様子。

ウ（　）小さな子犬がとことこやって来た様子。

2 次の文章を読んで、後の問題に答えましょう。（一つ15点）

朝顔の花が開くのは、夏の午前三時から四時ごろです。**この時間**は、まだうす暗く、太陽も出ていません。つまり、朝顔は、朝の明るさで花がさくのではありません。

朝顔のつぼみは、前日の昼間に、太陽の光を浴(あ)びて、暗くなってから約(やく)九時間後に開くという性質(せいしつ)があります。

この性質(せいしつ)を知っていれば、次の朝、何時ごろに花がさくのかがわかります。

(1) **この時間**とは、いつですか。

（　夏の　　　　ごろ　）

(2) **この性質(せいしつ)**について、（　）に合う言葉を書きましょう。

朝顔の①（　　　　）が、前日の②（　　　　）、

太陽の光を浴(あ)びて、暗くなってから

③（　　　　）に開くという性質(せいしつ)。

17 文をつなぐ言葉「だから」

1 次の文章を読んで、後の問題に答えましょう。（20点）

文をつなぐ言葉を使うと、前の文と後の文の関係(かんけい)がはっきりします。

「だから」は、前の文の結果(けっか)を伝(つた)えるときに使います。

(1) 「だから」の使い方が正しいほうに、〇をつけましょう。

・（　　）早くねた。だから、早く起きた。
　（　　）早くねた。だから、おそく起きた。

2 「だから」に続く文に、○をつけましょう。（一つ20点）

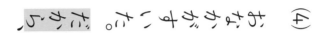

(1) 雨がふった。だから、

（　）地面がかわいている。

（　）地面がぬれている。

(2) 風がふいた。だから、

（　）風車が回った。

（　）風車が止まった。

(3) 昨日は早くねた。だから、

（　）早く目が覚めた。

（　）起きるのがおそかった。

(4) おなかがすいた。だから、

（　）おかしを食べた。

（　）何も食べなかった。

18 文をつなぐ言葉「でも」

1 次の文章を読んで、後の問題に答えましょう。（一つ10点）

文をつなぐ言葉「でも」は、前の文と反対になるような文が続く（つづ）ときに使います。

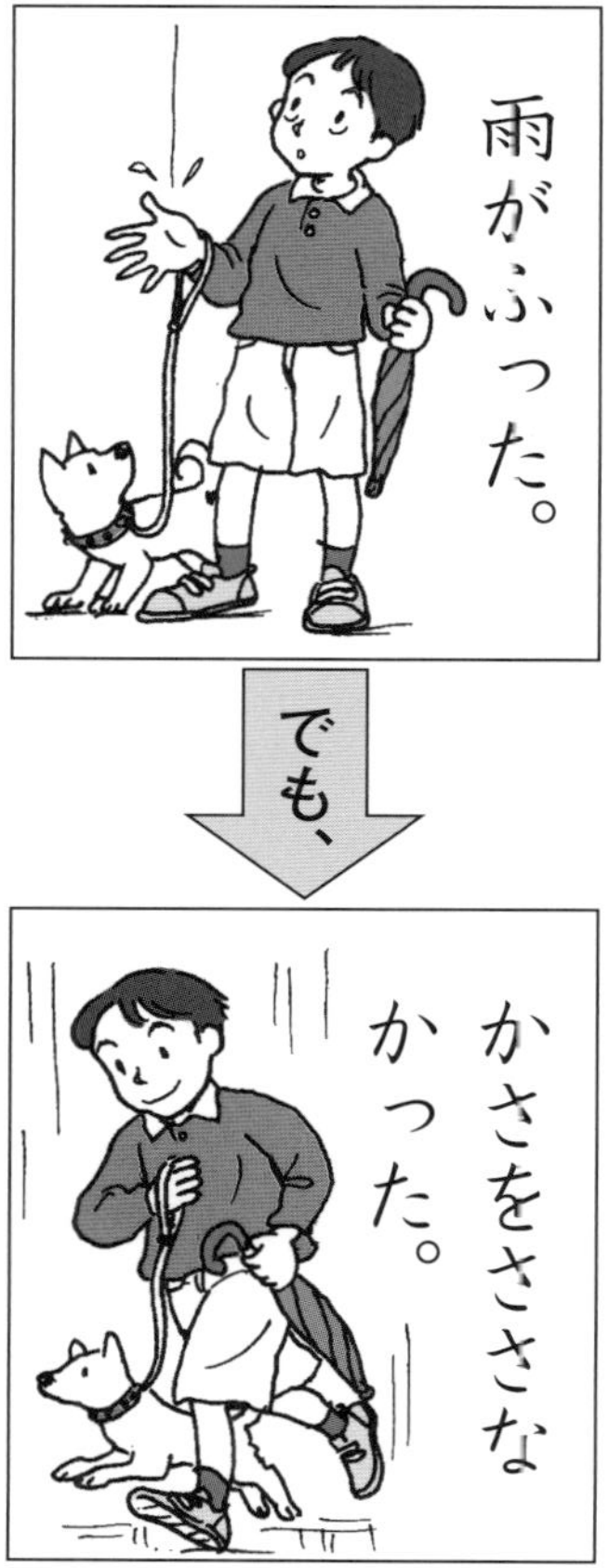

雨がふった。
でも、
かさをささなかった。

(1)「でも」の使い方が正しいほうに、○をつけましょう。

①
（　　）早くねた。でも、早く起きた。
（　　）早くねた。でも、早く起きられなかった。

②
（　　）雨がふった。でも、兄は出かけた。
（　　）雨がふった。でも、兄は出かけなかった。

2 「でも」に続く文に、○をつけましょう。（一つ20点）

(1) 雨がふった。でも、

- （　）地面はぬれている。
- （　）地面はかわいている。

(2) 風がふいた。でも、

- （　）風車は回った。
- （　）風車は回らなかった。

(3) 昨日は早くねた。でも、

- （　）早く目が覚めた。
- （　）起きるのはおそかった。

(4) おなかがすいた。でも、

- （　）おかしを食べた。
- （　）何も食べなかった。

19 文をつなぐ言葉「また」

月　日　点

1 次の文章を読んで、後の問題に答えましょう。（一つ10点）

文をつなぐ言葉「また」は、前の文に後の文を付け加えるときに使います。

(1) 「また」の使い方が正しいほうに、○をつけましょう。

① （　　）パンを食べた。また、バナナも食べた。
（　　）パンを食べた。また、風がふいた。

② （　　）風がふいた。また、雨もふってきた。
（　　）風がふいた。また、さくらの花は散らなかった。

2 「また」に続く文に、○をつけましょう。 （一つ20点）

(1) 雨がふってきた。また、
- （　）ぼくは四年生だ。
- （　）風も強くなってきた。

(2) おなかがすいた。また、
- （　）のどもかわいた。
- （　）駅前はにぎやかだ。

(3) ケーキを食べた。また、
- （　）プリンはおいしい。
- （　）プリンも食べた。

(4) ぼくは、野球が好きだ。また、
- （　）サッカーは楽しい。
- （　）サッカーも好きだ。

20 文をつなぐ言葉「それとも」

月　日　　点

1 次の文章を読んで、後の問題に答えましょう。（20点）

文をつなぐ言葉「それとも」は、前と後の文のどちらかを選(えら)ぶときに使います。

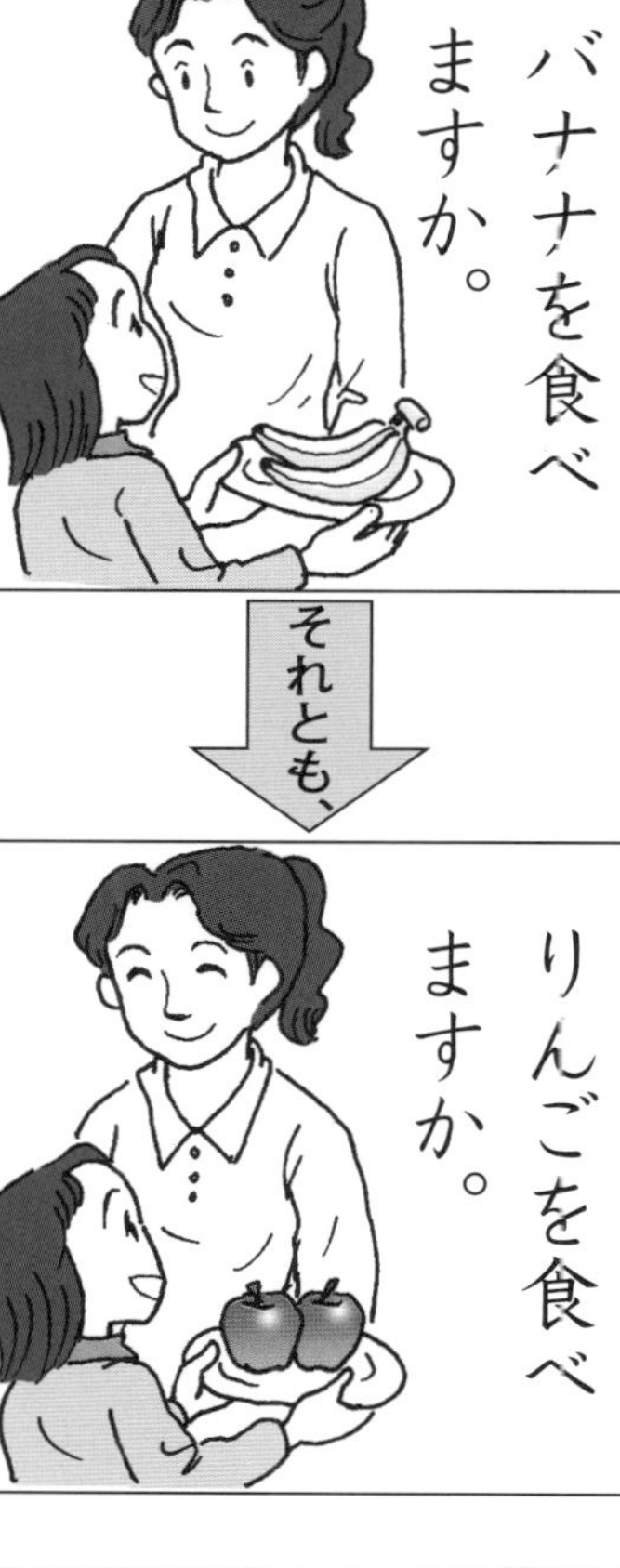
バナナを食べますか。
それとも、
りんごを食べますか。

(1) 「それとも」の使い方が正しいほうに、○をつけましょう。

・（　）野球をしますか。それとも、サッカーをしますか。

　（　）野球をしますか。それとも、サッカーはおもしろいですか。

2 「それとも」に続(つづ)く文に、○をつけましょう。（一つ20点）

(1) ケーキを食べますか。それとも、

（　）プリンを食べますか。

（　）プリンはおいしいですか。

(2) ラーメンにしようか。それとも、

（　）ハンバーガーが食べたいよ。

（　）ハンバーガーにしようか。

(3) 公園へ行こうか。それとも、

（　）家で遊ぼうか。

（　）家で遊んだほうが楽しい。

(4) 海へ行って泳ごうか。それとも、

（　）山登りはやめようか。

（　）山登りに行こうか。

21 文をつなぐ言葉「つまり」

月　日　　点

1 次の文章を読んで、後の問題に答えましょう。（20点）

文をつなぐ言葉「つまり」は、前の文について、説明するときに使います。

(1) 「つまり」の使い方が正しいほうに、○をつけましょう。

・（　）潮のかおりがしてきた。つまり、海が近いということだ。

　（　）潮のかおりがしてきた。つまり、魚を焼いているということだ。

2 「つまり」に続く文に、〇をつけましょう。（一つ20点）

(1) この人は母の姉です。つまり、

（　）わたしのおばです。

（　）わたしのおばではありません。

(2) 東の空が白んできた。つまり、

（　）夜が深まってきた。

（　）夜明けが近いということだ。

(3) 今、地図の上の方に向かって進んでいます。つまり、

（　）北へ進んでいるということです。

（　）ゆっくり歩いているのです。

(4) 雨ふりの日が続いています。つまり、

（　）火事にも注意が必要です。

（　）大水への注意が必要です。

22 文をつなぐ言葉「では」

月　日　点

1 次の文章を読んで、後の問題に答えましょう。（20点）

文をつなぐ言葉「では」は、話題を変えるときに使います。

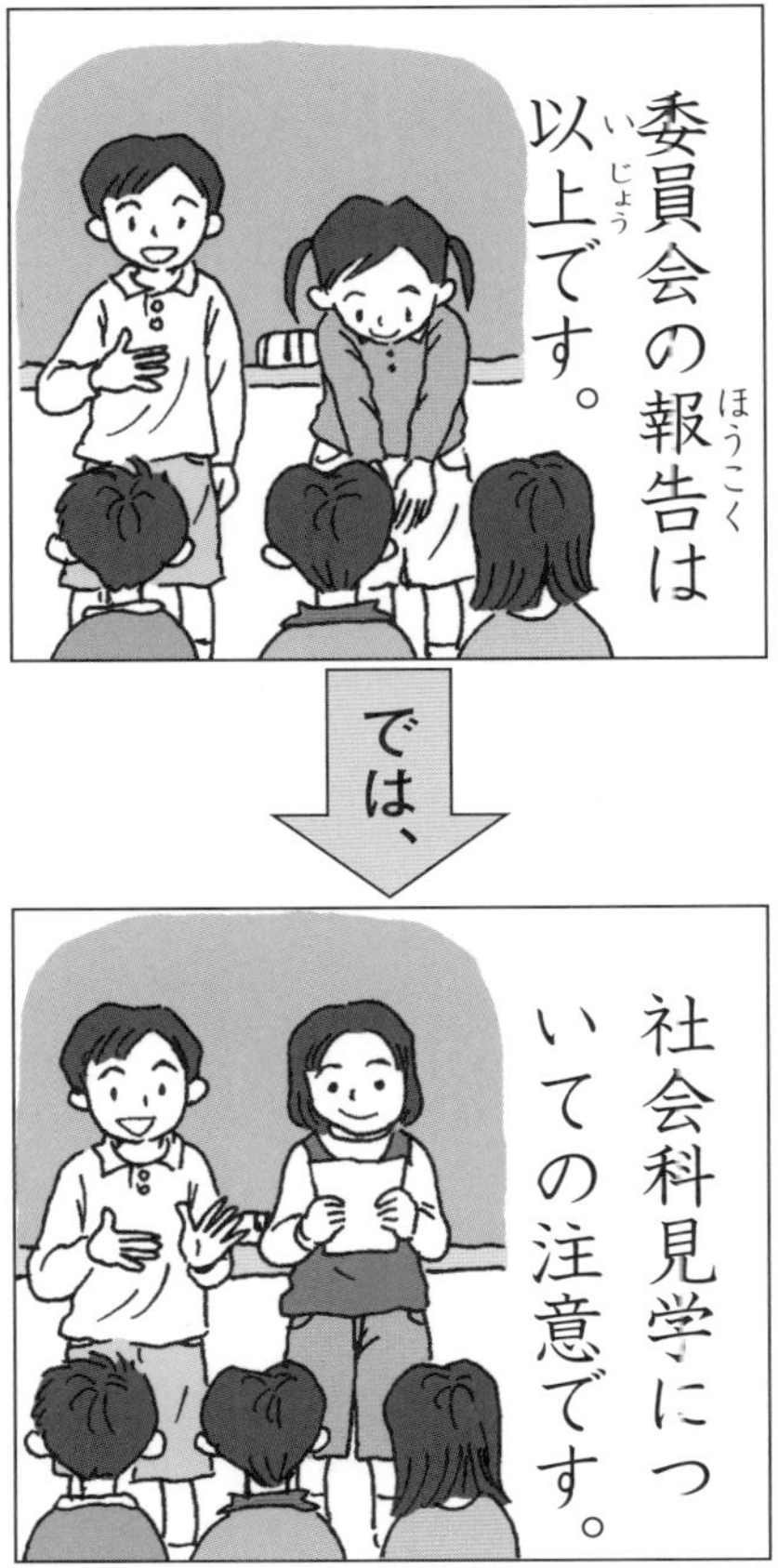

委員会の報告は以上です。
では、
社会科見学についての注意です。

(1) 「では」の使い方が正しいほうに、○をつけましょう。

・（　）以上、大会の結果でした。では、大会の結果をお知らせします。

・（　）以上、大会の結果でした。では、次は音楽会の話をします。

2 「では」に続く文に、○をつけましょう。（一つ20点）

(1) 用意はできましたか。では、

（　）出発しましょう。
（　）出発に時間がかかりました。

(2) これで発表は終わりです。では、

（　）先生といっしょに遊びました。
（　）何か質問はありませんか。

(3) ねこは、まだ見つかりませんか。では、

（　）田中さんがさがしたそうです。
（　）もう一度、さがしてみましょう。

(4) 今日はありがとうございました。では、

（　）こんにちは。
（　）さようなら。

23 同じ働きをする文をつなぐ言葉

月　日　点

1 同じ働きをする文をつなぐ言葉を覚えましょう。（読んで10点）

言葉	働き	例文
それで すると	前の文を理由として、後に結果が続く。	雨がふった。だから、服がぬれた。
しかし ところが けれども	前の文と反対になるような内容が後に続く。	雨がふった。でも、服はぬれなかった。
そして それに さらに	前の文に後の文をならべたり付け加えたりする。	雨がふった。また、かみなりも鳴った。
あるいは または	前の文と後の文をくらべたり、どちらかを選んだりする。	パンを食べようか。それとも、バナナを食べようか。
要するに 例えば	前の文について、説明する。	この人は、母の兄です。つまり、ぼくのおじです。
さて ところで	話題を変える。	話は以上です。では、何か質問はありますか。

2 ［　］の言葉と同じ働き（はたら）をする言葉を、［　］から選（えら）んで書きましょう。（一つ18点）

(1) 雨がふってきた。**だから**、かさをさした。

（それで）

(2) 雨がふってきた。**でも**、かさをささなかった。

（　　）

(3) 雨がふってきた。**また**、風も強くなった。

（　　）

(4) プールに行こうか。**それとも**、海に行こうか。

（　　）

(5) そうじは終わった。**では**、ゲームでもしようかな。

（　　）

それで・さらに・しかし・さて・あるいは

文をつなぐ言葉——まとめ

月　日　　点

1 次の二つの文の関係を、□から選んで、記号を書きましょう。（一つ10点）

(1) おなかがすいた。おやつを食べた。（　　）

(2) おなかがすいた。何も食べなかった。（　　）

(3) おなかがすいた。のどもかわいた。（　　）

(4) 野球をしようか。サッカーをしようか。（　　）

ア　前の文と反対になるような内容が後に続く。

イ　前の文を理由として、後に結果が続く。

ウ　前の文と後の文のどちらかを選ぶ。

エ　前の文に後の文を付け加える。

2 （　）に合う言葉を、□から選んで書きましょう。（一つ12点）

(1) 昨日は早くねた。（　　　）、今朝は早く目が覚めた。

(2) 夜、雨がふった。（　　　）、地面はぬれていなかった。

(3) 山本さんは歌がうまい。（　　　）、体育も得意だ。

(4) 夏休みは、海へ行こうか。（　　　）、山へ行こうか。

(5) この人は、母の妹です。（　　　）、わたしのおばです。

しかし・さらに・それで・つまり・それとも

25 話し手や書き手の気持ちを表す文をつなぐ言葉

月　日　　点

1　次の文章を読みましょう。（読んで20点）

同じ文でも、文をつなぐ言葉によって、話し手や書き手の気持ちがちがってきます。

思いきりとんだ。
だから、
しかし、
記録（きろく）は三メートルだった。
〈うれしい気持ち〉
記録（きろく）は三メートルだった。
〈くやしい気持ち〉

「だから」では三メートルもとべてうれしい気持ちが、「しかし」では三メートルしかとべなくてくやしい気持ちが表れています。

2 〈　〉の気持ちになるように、（　）に「だから」か「しかし」のどちらかを書きましょう。（一つ20点）

(1) 必死で走った。（　　　）、三位だった。〈くやしい気持ち〉

(2) 毎日、みんなで合唱の練習をした。（　　　）、二位だった。〈うれしい気持ち〉

(3) 思いきりボールを投げた。（　　　）、記録は十メートルだった。〈くやしい気持ち〉

(4) 今日の体育は、とび箱だった。（　　　）、がんばって何度もとんだ。〈うれしい気持ち〉

26 文をつなぐ言葉を使って ①

月　日　点

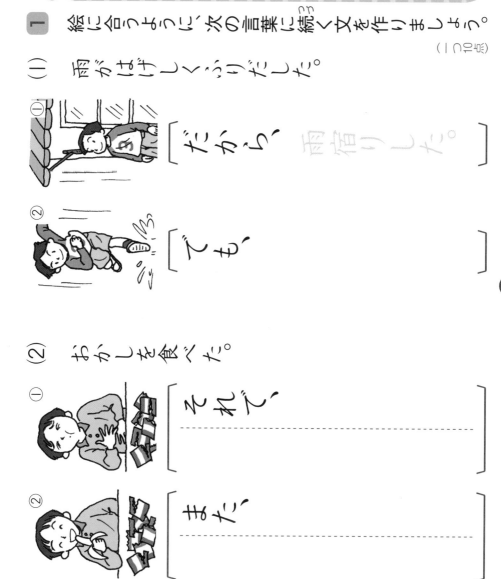

1 絵に合うように、次の言葉に続く文を作りましょう。（一つ10点）

(1) 雨がはげしくふりだした。

①

［だから、雨宿りした。］

②

［でも、］

(2) おかしを食べた。

①

［それで、］

②

［また、］

2 絵に合うように、次の言葉に続く文を作りましょう。（一つ15点）

(1) 小麦粉に水とさとうを入れます。

また、

(2) スパゲッティを食べますか。

それとも、

(3) 空がだんだん白んで、明るくなってきた。

つまり、

(4) これで今日のニュースは終わりです。

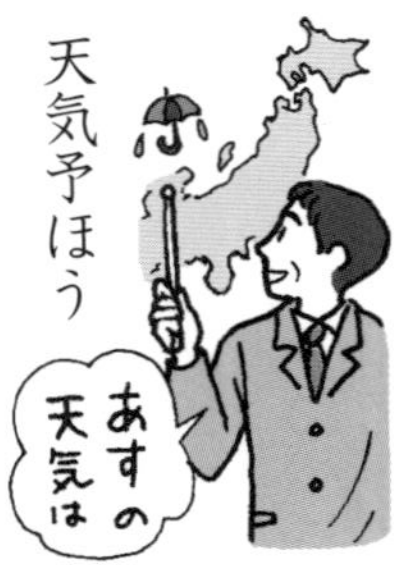

さて、次は

27 文をつなぐ言葉を使って ②

月　日　　点

1 □の文と同じ意味になるように、合うほうの言葉を○で囲(かこ)みましょう。（一つ12点）

(1) 雨がふってきたので、かさをさした。

雨がふってきた。｛だから・でも｝、かさをさした。

(2) 暑くなったから、シャツをぬいだ。

暑くなった。｛しかし・それで｝、シャツをぬいだ。

(3) おやつを食べたのに、おなかがすいてきた。

おやつを食べた。｛すると・ところが｝、おなかがすいてきた。

2 次の文を、〈　〉の言葉を使って、二つの文に書きかえましょう。（一つ16点）

(1) 走ってきたから、あせをかいた。〈だから〉

［走ってきた。だから、あせをかいた。］

(2) 雨がふってきたので、かさをさした。〈それで〉

［　　　　　　　　　　］

(3) 大声でよんだのに、父は気づかなかった。〈しかし〉

［　　　　　　　　　　］

(4) 本を買いに行ったが、店はしまっていた。〈ところが〉

［　　　　　　　　　　］

28 段落の関係

月　日　　点

1 次の文章を読んで、後の問題に答えましょう。（一つ20点）

[1] せんたくや食器あらい、ふろに使った水やお湯、それにトイレに使った水は、下水道に流されて、きれいにしてから川や海に流されています。

[2] [　　]、下水道が整っていない地いきでは、よごれた水がそのまま川や海に流されています。

(1) [1]と[2]の段落の関係に、○をつけましょう。

ア（　　）[1]の例を[2]で書いている。

イ（　　）[1]と反対の内容を[2]で書いている。

ウ（　　）[1]の内容を[2]でまとめている。

(2) [　　]に合う言葉を、（　）で囲みましょう。

［ だから・つまり・ところが ］

2 次の文章を読んで、後の問題に答えましょう。（一つ20点）

1 森の木々は、雨水をすい上げます。それ以外の雨水は、地中にしみこんで、ゆっくり時間をかけて川に流れていきます。

2 [①]、森は、雨水を一時的にためておく、天然のダムのような働きをしているのです。

3 [②]、森がなくなると、雨がふったとき、雨水がいっきに川に流れこみ、大水などが起こりやすくなるのです。

(1) 1と2の段落の関係に、○をつけましょう。

ア（　　）1と反対の内容を2で書いている。
イ（　　）1の内容に2を付け加えている。
ウ（　　）1の内容を2でまとめている。

(2) [①]、[②]に合う言葉を、（　）で囲みましょう。

[①]…［ すると ・ つまり ・ ところが ］

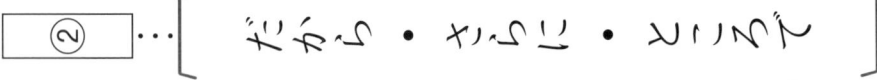

[②]…［ だから ・ さらに ・ ところで ］

これで、「こそあど言葉・文をつなぐ言葉」は終わりだよ。最後までよくがんばったね！

答え

●言葉や文を書く問題では、全部書けて、一つの正解(せいかい)です。
●（　）は、答えに入れてもよい言葉です。

1 こそあど言葉　1・2ページ

1 (1)①これ　②あれ

2 (1)これ
(2)それ
(3)あれ
(4)どれ
(5)これ
(6)それ

2 「こ」のつく こそあど言葉　3・4ページ

1 (1)これ
(2)ここ
(3)こちら
(4)これ
(5)ここ
(6)こちら

2 (1)これ
(2)ここ
(3)こちら
(4)これ
(5)ここ

3 「そ」のつく こそあど言葉　5・6ページ

1 (1)それ
(2)そこ
(3)そちら
(4)それ
(5)そこ
(6)そちら

2 (1)それ
(2)そこ
(3)そちら
(4)それ
(5)そこ

「こちら」「そちら」のくだけた言い方に、「こっち」「そっち」があります。
・こっちで遊ぼう。
・そっちへ行くよ。

4 「あ」のつくこそあど言葉 7・8ページ

1 (1)あれ (2)あそこ (3)あちら (4)あれ (5)あそこ (6)あちら

2 (1)あれ (2)あそこ (3)あちら (4)あれ (5)あそこ

5 「ど」のつくこそあど言葉 9・10ページ

1 (1)どれ (2)どこ (3)どちら (4)どれ (5)どこ (6)どちら

2 (1)どれ (2)どこ (3)どちら (4)どれ (5)どこ

「あちら」「どちら」のくだけた言い方に、「あっち」「どっち」があります。

- あっちまで走るよ。
- どっちへ行けばいいの。

6 こそあど言葉を使ってみよう！ 11・12ページ

1 (1)これ (2)それ (3)あれ (4)どれ

2 (1)これ (2)あそこ (3)そちら (4)どれ

7 「この」「その」「あの」「どの」 13・14ページ

1 (1)この (2)その (3)あの (4)どの (5)この

2 (1)この (2)その (3)あの (4)どの

※「この」は話し手に近いとき、「その」は相手に近いとき、「あの」は話し手・相手、どちらからも遠いとき、「どの」はさししめすものがはっきりしないときに使います。

8 「こんな」「そんな」「あんな」「どんな」 ページ15・16

1
(1)こんな
(2)そんな
(3)あんな
(4)どんな
(5)こんな

2
(1)こんな
(2)そんな
(3)あんな
(4)どんな

9 こそあど言葉――まとめ① ページ17・18

1
(1)①これ・この・ここ・こちら・こんな
②あれ・あの・あそこ・あちら・あんな
※順序はちがってもよい。
※①の「こちら」は「こっち」、②の「あちら」は「あっち」でも正解です。

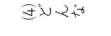

2
(1)それ (2)どれ
(3)この (4)あの
(5)あそこ (6)どこ
(7)こちら (8)どちら
(9)こんな (10)そんな

10 こそあど言葉――まとめ② ページ19・20

1
(1)それ
(2)これ
(3)あそこ
(4)どの

2
(1)それ
(2)あそこ
(3)どんな
(4)この

11 こそあど言葉の働き ページ21・22

1
(1)そこ

2
(1)それ
(2)それ
(3)そこ
※こそあど言葉を使うと、同じ言葉をくり返し使うより、すっきりとしたわかりやすい文章になります。

12 こそあど言葉の さすことがら ① 23・24ページ

1 (1) { ( ) (◎) }

2 (1)おいしそうなケーキ
(2)大きな水そう
(3)新しい運動ぐつ
(4)商店街の花屋さん

※(1)「ケーキ」、(2)「水そう」、(3)「運動ぐつ」、(4)「花屋さん」をくわしくする言葉も答えになります。わすれないで書きましょう。

13 こそあど言葉の さすことがら ② 25・26ページ

1 (1)新しいノート
(2)かわいいハムスター
(3)駅前の商店街
(4)大きなスーパー

2 (1)新しいくつ
(2)かわいいシール
(3)近くの神社
(4)公園の花だん

14 こそあど言葉の さすことがら ③ 27・28ページ

1 (1)きれいなもようの色紙
(2)おもしろいテレビ番組
(3)古いアルバム

2 (1)おいしそうなケーキ
(2)(拾った)黒いバッグ
(3)(とどいた)だんボールの荷物

※(2)は「拾ったバッグ」、(3)は「とどいた荷物」でも正解です。

15 文章中の こそあど言葉 ① 29・30ページ

1 (1)二つの水そうの中

2 (1)長くてりっぱな角

3 (1)駅の近くにあるペットショップ

※「そこ」は場所をしめします。

4 (1)木の皮をはいで細くさいたひも

※「ひも」をくわしくしている言葉も答えに入ります。

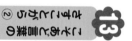

16 文章中の こそあど言葉 ② （31・32ページ）

1

(1) 公園

(2) ウ

※□に答えを入れてみて、文の意味が通るかどうかをたしかめましょう。

2

(1) 夏の午前三時から四時ごろ

(2) ① つぼみ

② 昼間に

③ 約九時間後

17 文をつなぐ言葉「だから」 （33・34ページ）

1

(1) （◯）（　）

2

(1) （　）（◯）

(2) （◯）（　）

(3) （◯）（　）

(4) （◯）（　）

18 文をつなぐ言葉「でも」 （35・36ページ）

1

(1) ① （　）（◯）

② （◯）（　）

2

(1) （　）（◯）

(2) （　）（◯）

(3) （　）（◯）

(4) （　）（◯）

※「でも」に続かない文は、どれも「だから」などの文をつなぐ言葉に続きます。

19 文をつなぐ言葉「また」

ページ 37・38

1 (1) ① （○）（　）

② （○）（　）

2 (1) （　）（○）

(2) （○）（　）

(3) （　）（○）

(4) （　）（○）

20 文をつなぐ言葉「それとも」

ページ 39・40

1 (1) （○）（　）

2 (1) （○）（　）

(2) （　）（○）

(3) （○）（　）

(4) （　）（○）

21 文をつなぐ言葉「つまり」

ページ 41・42

1 (1) （○）（　）

2 (1) （○）（　）

(2) （　）（○）

※文の終わりの「…ということだ。」は、説明(せつめい)するときに使います。

(3) （○）（　）

(4) （　）（○）

22 文をつなぐ言葉「では」

ページ 43・44

1 (1) （　）（○）

2 (1) （○）（　）

(2) （　）（○）

(3) （　）（○）

(4) （　）（○）

23 同じ働きをする文をつなぐ言葉 45・46ページ

1 同じ働き(はたら)をする文をつなぐ言葉を覚え(おぼ)ましょう。

2 (1)それで
(2)しかし
(3)さらに
(4)あるいは
(5)さて

24 文をつなぐ言葉——まとめ 47・48ページ

1 (1)イ
(2)ア
(3)エ
(4)ウ

2 (1)それで
(2)しかし
(3)さらに
(4)それとも
(5)つまり
※それぞれの文をつなぐ言葉の働き(はたら)は、45ページの表を見て、たしかめておきましょう。

25 話し手や書き手の気持ちを表す文をつなぐ言葉 49・50ページ

1 文をつなぐ言葉によって、話し手や書き手の気持ちがちがってきます。どんな気持ちか考えて読みましょう。

2 (1)しかし　(2)だから
(3)しかし　(4)だから
※それぞれ、もう一方の文をつなぐ言葉を使うと、どんな気持ちを表すのかを考えてみましょう。

26 文をつなぐ言葉を使って① 51・52ページ

1 (1)①だから、雨宿りした。
②〈例(れい)〉でも、走って帰った。
(2)①〈例(れい)〉それで、おなかが苦しくなった。
②〈例(れい)〉また、バナナも食べた。

2 (1)〈例(れい)〉また、たまごも入れます。
(2)〈例(れい)〉それとも、ハンバーグを食べますか。
(3)〈例(れい)〉つまり、日の出が近い。
(4)〈例(れい)〉さて、次は明日の天気予ほうです。

27 文をつなぐ言葉を使って ② 53・54ページ

1 (1)だから
(2)それで
(3)ところが

2 (1)走ってきた。だから、あせをかいた。
(2)雨がふってきた。それで、かさをさした。
(3)大声でよんだ。しかし、父は気づかなかった。
(4)本を買いに行った。ところが、店はしまっていた。
※文をつなぐ言葉の後には、読点(、)をつけます。

28 段落の関係 55・56ページ

1 (1)イ
(2)ところが
※1段落…水をきれいにしてから川や海に流す。
2段落…よごれた水のまま川や海に流す。
1と2で反対の内容を書いています。

2 (1)ウ
※1段落…森が雨水をすい上げて、地中にしみこんだ雨水を時間をかけて流す。
2段落…森は天然のダムのような働きをしている。
1の内容を2でまとめています。
(2)①つまり
②だから
※2段落の内容を受けて、3段落でその結果が書かれているので、②には「だから」が入ります。